초역 예언자

The Prophet: A Korean Adaptation by Kimnang
©2025 by Kimnang
This edition is a Korean translation and adaptation based on The Prophet(1923) by Kahlil Gibran.

초역 예언자

칼릴 지브란 지음 | 김낭 옮김

차례

프롤로그　　　　　　　　　　6

- 사랑에 대하여　　　　　　　　9
- 결혼에 대하여　　　　　　　　23
- 자녀에 대하여　　　　　　　　35
- 주는 것에 대하여　　　　　　　45
- 먹고 마시는 것에 대하여　　　　55
- 일에 대하여　　　　　　　　　65
- 기쁨과 슬픔에 대하여　　　　　77
- 집에 대하여　　　　　　　　　91
- 옷에 대하여　　　　　　　　　103
- 사고 파는 것에 대하여　　　　　111
- 죄와 벌에 대하여　　　　　　　123
- 법에 대하여　　　　　　　　　133
- 자유에 대하여　　　　　　　　141

- 이성과 정열에 대하여   *153*
- 고통에 대하여   *165*
- 자아 인식에 대하여   *173*
- 가르침에 대하여   *181*
- 우정에 대하여   *189*
- 대화에 대하여   *199*
- 시간에 대하여   *207*
- 선과 악에 대하여   *215*
- 기도에 대하여   *225*
- 쾌락에 대하여   *235*
- 아름다움에 대하여   *249*
- 믿음에 대하여   *257*
- 죽음에 대하여   *267*

에필로그   *278*

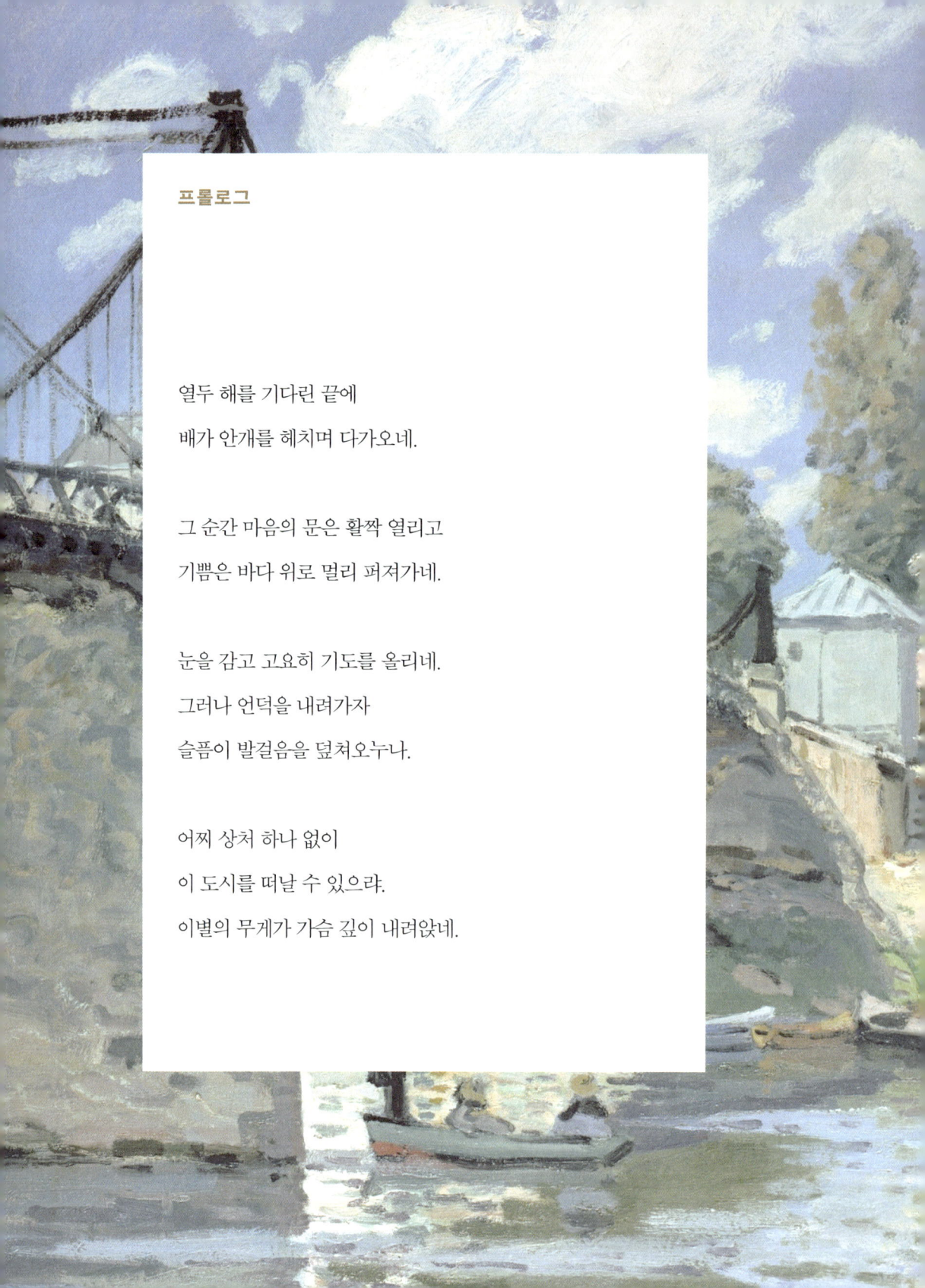

프롤로그

열두 해를 기다린 끝에
배가 안개를 헤치며 다가오네.

그 순간 마음의 문은 활짝 열리고
기쁨은 바다 위로 멀리 퍼져가네.

눈을 감고 고요히 기도를 올리네.
그러나 언덕을 내려가자
슬픔이 발걸음을 덮쳐오누나.

어찌 상처 하나 없이
이 도시를 떠날 수 있으랴.
이별의 무게가 가슴 깊이 내려앉네.

Alfred Sisley, *The Bridge at Villeneuve-la-Garenne*, 1872

Claude Monet, *Cliffs at Pourville, Sunset*, 1896

(사랑에 대하여)

사랑이 그대를 부르거든

사랑이 그대를 손짓해 부르거든 따르라.
비록 그 길이 험하고 거칠지라도.

사랑의 날개가 그대를 감싸거든
기꺼이 그 품에 깃들라.
비록 날개 속에 숨겨진 칼날에 베일지라도.

사랑이 그대에게 말하거든 믿으라.
설령 그 음성이 그대의 꿈을 산산이 부수어
북풍에 휩쓸린 정원처럼 허물어지게 할지라도.

사랑에 대하여

왕관을 씌우거나 뿌리를 흔들거나

사랑이 그대에게 왕관을 씌운다면
사랑은 또한 그대를 십자가에 못 박기도 하리라.
사랑이 그대를 매만져 키운다면
사랑은 또한 그대의 가지를 꺾고 둥치를 베기도 하리라.

사랑이 그대의 가지 끝에 올라
햇빛 속에서 가장 여린 잎을 어루만진다면
사랑은 또한 그대의 뿌리 깊숙이 파고들어
대지를 움켜쥔 심연을 흔들어 놓으리라.

사랑에 대하여

고통 속에서 빚어진 빵

사랑은 그대를 곡식단처럼 거두어들이리라.
그대를 두드려 껍질을 벗기고
체로 쳐서 속과 겉을 가르리라.
그대를 곱게 갈아 눈부신 가루로 만들고
고요한 손길로 치대 부드러운 반죽으로 만들리.

그리고 마침내 신의 불꽃 위에서 구워내
성스러운 잔칫상에 신성한 빵으로 올리리라.

사랑은 그 모든 일을 통해
그대 마음의 비밀을 드러내게 하고
그 깨달음으로
위대한 생명의 심장 한 조각이 되게 하리라.

사랑에 대하여

사랑은 사랑만을 주고받는다

사랑은 자기 자신 외에는 아무것도 줄 수 없고
사랑 그 자체 외에는 아무것도 받을 수 없다.

사랑은 그대의 것이 될 수 없고
또한 그대를 소유하지도 않네.

사랑은 그 자체로 충만하므로.

사랑에 대하여

그대가 머무는 자리

사랑할 때
신이 내 안에 계신다고 말하지 말고
내가 신의 마음 안에 있다고 말하라.

사랑의 길을 스스로 정하려 하지 말라.
그보다 사랑이, 그대가 있어야 할 길을
알아서 이끌어주리라.

사랑에 대하여

사랑의 소망

사랑은 자신을 채우는 것 외에
다른 바람이 없네.
그러나 바람이 있다면
그것이 곧 그대의 길이 되게 하라.

밤을 향해 흐르는 시내처럼 노래할 것
다정함의 고통을 알 것
이해 속에서 상처받을 것
기꺼이 피를 흘릴 것.

사랑에 대하여

Paul Gauguin, *Landscape at Le Pouldu,* 1890

(결혼에 대하여)

함께 있으라

그대들은 함께 태어났으니
영원토록 함께 있으라.

죽음의 흰 날개가
그대들의 삶을 흩어놓는 그날에도
함께 있으라.

신의 말없는 기억 속에서도
함께 있으라.

결혼에 대하여

바람이 스치고 지나가게 하라

그대들의 동행에는
적당한 거리를 둘지어다.

그리하여
하늘의 바람이
그대들 사이에서 춤추게 하라.

결혼에 대하여

사랑은 바다가 되어야 한다

서로 사랑하되
사랑으로 서로를 얽어매려 하지 말라.

그대들의 영혼과 영혼 사이
사랑이 자유롭게 출렁이는
바다가 펼쳐지게 하라.

결혼에 대하여

함께하되 따로 머물라

서로의 잔에 술을 채워주되
하나의 잔으로 마시려 하지는 말라.
서로의 빵을 나누되
같은 조각을 나눠 먹으려 하지 말라.
함께 노래하고 춤추고 즐기되
각자는 저마다 따로 머물라.

현악기의 줄들이
하나의 곡조 안에서 떨리되
서로 간섭하지 않는 것처럼.

결혼에 대하여

사랑의 간격

그대들의 진심을 서로에게 바치되
자신을 전부 내맡기지는 말라.
그대들의 마음을 온전히 간직할 이는
오직 위대한 생명의 손뿐이니.

함께 서되 너무 가까이 서지 말라.
사원의 기둥은
서로 떨어져 서 있기에 무너지지 않고
참나무와 편백나무도
서로의 그늘 아래서는 자랄 수 없나니.

결혼에 대하여

Paul Gauguin, *The Swineherd*, 1888

(자녀에 대하여)

아이는 부모의 소유가 아니다

아이는 부모의 소유가 아니다.
삶이 스스로 갈망하여 낳은
생명의 아들딸일 뿐이로다.

그들은 부모를 통해 왔으나
부모에게서 온 것은 아니며
비록 곁에 머물지라도
부모의 소유는 아니로다.

부모는 길의 시작이 될 수 있으나
그 길 자체는 아니라네.

자녀에 대하여

아이의 생각은 아이의 것이다

부모는 아이에게 사랑을 줄 수 있지만
그 생각까지 주지는 못하리라.
아이들은 저마다의 생각을 갖고 태어난다네.

아이의 몸은 부모 곁에 머물러도
그 영혼은 거기 머물지 않으리.
그들은 내일의 집에 살리라.

부모가 아직 닿지 못한 언덕
꿈속에서도 가닿지 못할 먼 곳을
아이들만이 홀로 향해 가리라.

자녀에 대하여

생명은 어제에 머물지 않는다

아이와 함께 머물라.
그러나 아이가 부모를 닮게 하려 하지 말라.

삶은 뒤를 돌아보지 않는다.
아이의 발길은 부모의 어제를 지나가지 않는다.

자녀에 대하여

41

부모는 활, 아이는 화살

부모는 하나의 활,
아이들은 그 활에서 날아가는
살아 있는 화살이로다.
보이지 않는 손이 그 활을 힘껏 당겨
영원을 향해, 멀리 그리고 빠르게 날려 보내네.

그대의 몸이 휘어지더라도
그 순간을 받아들이라.
신은 날아가는 화살을 사랑하듯
견디며 버티는 활 또한
사랑하시느니라.

자녀에 대하여

Paul Cézanne, *Title: Mont Sainte-Victoire,* 1885~1887

(주는 것에 대하여)

줄 수 있는 건 결국 나 자신뿐

그대의 소유물을 준다 해서
진정 주는 것은 아니로다.

참으로 주는 것이란
그대 자신을 내어주는 것이다.

주는 것에 대하여

내일을 두려워하는 마음

그대가 움켜쥔 소유란
내일을 두려워해 붙잡아둔 마음일 뿐.

그러나 내일은 성지를 향해 가는 순례자 같아서
개가 모래에 묻은 뼈다귀처럼
흔적도 없이 사라지리라.

걱정에서 비롯된 모자람은
진정한 결핍보다도 깊은 허기라네.
그대의 우물에 물이 차고 넘치는데도
목마름을 염려한다면 그것은
이미 끝없는 갈증에 사로잡힌 것과 다름없네.

주는 것에 대하여

청하기 전에 주어라

부름에 응해 주는 것도 좋은 일이지만
기다리지 않고 먼저 내어주는 것은
더 아름다운 일이지.

풍성히 내어주는 이에게는
누군가에게 줄 수 있는 그 기회 자체가
큰 기쁨이 되나니.

주는 것에 대하여

기꺼이 지금 나누라

그대가 아끼는 모든 것도
언젠가는 그대의 손을 떠날 것이다.
그러니 지금 내어주라.

지금은 그대의 것이지만
다가올 시간에는
그대의 것이 아닐 수도 있으리라.

주는 것에 대하여

George Inness, *Summer Landscape*, 1876

(먹고 마시는 것에 대하여)

예배처럼 먹으라

그대가 대지의 향기만으로 살 수 있다면
허공에 뿌리 내린 풀처럼
햇빛만으로 지탱할 수 있다면 얼마나 좋으랴.

허나 그대는 먹기 위해 죽여야 하고
목을 축이기 위해
갓 태어난 새끼가 먹을 젖을 빼앗아야 하네.

그러니 그 행위를
예배처럼 여기라.

먹고 마시는 것에 대하여

짐승에게 건네는 말

그대가 짐승을 죽일 때
마음속으로 이렇게 말하라.

너를 쓰러뜨린 이 힘에
나 또한 쓰러지리라.
나 또한 언젠가
삼켜지리라.

너를 내게 넘긴 법칙이
나를 더 큰 손에 넘기리라.
너의 피와 나의 피는 다만
하늘의 나무를 먹이는
한 줄기 수액일 뿐이라네.

먹고 마시는 것에 대하여

사과에게 전하는 마음

그대가 사과 한 알을 베어 물 때
마음속으로 이렇게 말하라.

너의 씨는 내 몸 안에서 살아가리.
내일의 봉오리가 네 안에 깃들었듯
내 마음 안에서 피어나리라.

너의 향기는 내 숨결이 되고
우리는 모든 계절을
함께 기뻐하리라.

먹고 마시는 것에 대하여

기억의 노래

겨울이 되어 포도주를 따를 때
잔을 채울 때마다
마음속으로 노래를 부르라.

그 노래에는
가을의 햇살과 포도밭,
포도를 으깬 발길의 기억이
숨결처럼 담겨 있어야 하리라.

먹고 마시는 것에 대하여

Claude Monet, *Banks of the Seine, Vétheuil*, 1880

일에 대하여

영원을 향한 행렬

일한다는 것은
대지와 그 영혼과 함께
발걸음을 맞추는 것.

게으름은
계절 앞에서 이방인이 되는 일,
인생의 행렬에서 벗어나는 일이라네.

그 행렬은 장엄히, 당당히,
영원에 순응하며 나아가고 있도다.

일에 대하여

피리가 되는 순간

일을 할 때 그대는 하나의 피리가 되네.
그 피리를 지나간 속삭임이
음악이 되어 울리리라.

누가 혼자만 침묵의 갈대가 되려 하겠는가?
다른 이들 모두 함께 노래 부르고 있는데.

일에 대하여

일을 빛나게 하는 것

그대는 늘 말해왔지.
삶은 어둠이라고.

그러나 나는 말하노니
삶은 열망이 있을 때만 빛을 품는다네.

그러나 열망은 지혜가 없으면 길을 잃고
지혜는 일이 없으면 헛되며
일은 사랑이 없으면 공허하도다.

사랑으로 일할 때
그대는 자기 자신과 서로와 그리고
신과 하나가 되리라.

일에 대하여

모든 일이 고귀하다

그대는 말하네.
돌을 쪼아 영혼을 빚는 이는
땅을 가는 이보다 고귀하다고.
천 위에 무지개를 그리는 이는
짚신을 삼는 이보다 숭고하다고.

그러나 나는 말하노니
바람은 거대한 참나무에게도
들판의 작은 풀잎에게도
똑같이 말을 건네네.
바람의 소리를 사랑으로 받아들여
자기만의 노래로 바꾸는 이가
진정 위대한 이라네.

일에 대하여

사랑 없는 일은 허기만 남긴다

사랑 없이 구운 빵은
굶주림의 절반밖에 채울 수 없네.

불평 속에 짜낸 포도는
그 불평을 포도주에 스며들게 하네.

기쁨으로 노래하지 않는 자의 노래는
사람들의 귀를 닫아버리리.
그리하여 세상의 낮과 밤의 소리를
듣지 못하게 하리라.

일에 대하여

Vincent Van Gogh, *Farmhouse in Provence*, 1888

(기쁨과 슬픔에 대하여)

기쁨은 슬픔의 또 다른 얼굴

그대의 기쁨은
그대의 슬픔이 가면을 벗은 모습.
그대의 웃음이 솟아나는 바로 그 우물에서
그대의 눈물 또한 솟구치나니.

기쁨과 슬픔에 대하여

슬픔이 파고들수록 기쁨도 깊어진다

슬픔이 그대 존재 깊이 파고들수록
그대가 담을 수 있는 기쁨의 그릇 또한 커지리라.

그대의 술잔은
옹기장이의 불가마에서 구워진 잔이 아니던가.

그대 영혼을 달래는 현악기 또한
칼로 깎은 나무에서 태어난 것이 아니던가.

기쁨과 슬픔에 대하여

기쁨의 뿌리는 슬픔, 슬픔의 근원은 기쁨

그대가 기쁠 때
마음 깊은 곳을 들여다보라.
한때 그대에게 슬픔을 안겨준 그것이
지금은 기쁨을 주고 있음을 알게 되리라.

그대가 슬플 때 또한
마음을 다시 들여다보라.
그대의 눈물이 향하는 것은
한때 그대의 기쁨이었음을 보게 되리라.

기쁨과 슬픔에 대하여

기쁨과 슬픔은 한 몸이다

그대들 중에 누군가는
기쁨이 더 위대하다 하겠지.
또 다른 이는
아니다, 슬픔이 더 깊다 하리라.

그러나 나는 말하노니
기쁨과 슬픔은 나뉠 수 없는 한 몸이라네.
그들은 언제나 함께 오리라.

기쁨과 슬픔에 대하여

기쁨과 슬픔의 자리

기쁨이 그대의 식탁에 홀로 앉아 있다면
슬픔은 그대의 침대 위에 잠들어 있으리.

그들은 언제나 함께 오며
늘 그대 곁에 머무르리라.

기쁨과 슬픔에 대하여

기쁨과 슬픔의 저울

그대는 기쁨과 슬픔의 저울이 되어
하루하루 흔들리고 있네.

그대가 비어 있을 때만
잠시 고요히 서서 균형을 이루리라.

그러나 보물의 수호자가
금과 은을 달기 위해
그대를 들어 올릴 때
기쁨과 슬픔 중 어느 한쪽이
오르내리는 것은 피할 수 없다네.

기쁨과 슬픔에 대하여

Claude Monet, *Water Lilies*, 1919

(집에 대하여)

집은 그대의 큰 몸이다

그대의 집은 그대의 큰 몸.

햇빛 속에서 자라고
밤의 고요 속에서 쉬며
꿈을 품은 존재라네.

그대의 집 또한 꿈꾸지 않던가.
도시를 떠나 숲으로,
언덕으로 나아가려 꿈꾸지 않던가.

집에 대하여

그대의 집이 숲처럼 놓이기를

그대들의 집이 숲과 들에
씨앗처럼 흩어지기를.
골짜기가 그대의 거리가 되고
푸른 길이 그대의 골목이 되어
그대들 서로 포도밭 속에서 만나고
옷자락엔 흙내음을 품고 돌아오기를.

그러나 그대들의 조상들이 두려움에 사로잡혀
그대들을 지나치게 가까이 묶어 두었고
그 두려움은 여전히 머물러 있도다.

집에 대하여

그대 집 안에 있는 것

그대의 집 안에는 진정 무엇이 있는가?
굳게 잠근 문 뒤에 그대가 지키는 것은 무엇인가?

그 안에 평화가 있는가?
그대의 고요한 힘을 드러내는 평화가.

그 안에 기억이 있는가?
마음의 봉우리와 봉우리를 잇는 빛나는 무지개가.

그 안에 아름다움이 있는가?
나무와 돌을 넘어 그대의 심장을 성스러운 산으로 이끄는.

집에 대하여

닻이 아니라 돛대가 되어야 한다

우주의 아이들이여

쉼 속에서도 쉼이 없는 그대들이여

그대는 붙잡히지도,

길들여지지도 않으리라.

그대의 집은

닻이 아니라

돛대가 되어야 하리라.

집에 대하여

그대의 집이 말하게 하라

집은 그대의 비밀을 가두는
상자가 아니며
그대의 동경을 가리는
장막이 되어서도 안 되네.

그대 안의 무한한 것은
하늘의 저택에 깃들어 있으니
그 저택의 문은 아침 안개요
그 창은 밤의 노래와 침묵이네.

집에 대하여

Vincent van Gogh, *Vineyards at Auvers*, 1890

(옷에 대하여)

아름다움을 가리는 천

그대의 옷은
그대의 많은 아름다움을 가리나
감추고 싶은 결핍은
끝내 숨기지 못하리라.

그대는 옷에서 자유를 구하나
그 안에서 찾는 것은
갑옷과 사슬이니
그대의 손끝과 어깨를
조용히 속박하는 것이로다.

옷에 대하여

태양과 바람의 손길

그대는 피부를 더 많이 드러내고
더 가벼운 차림으로
태양을 마주하며 바람을 맞으라.

생명의 호흡은 햇살 속에 있고
생명의 손길은 바람 속에 있나니.

옷에 대하여

자연과 맞닿으라

대지는 그대의 맨발을 기다리고
바람은 그대의 머리칼과 장난치길 기뻐하도다.

그러니 그대여, 자신을 너무 가리지 말고
자연과 맞닿으라.

그대의 몸은 가리기 위한 것이 아니라
생명과 어울리기 위해 존재하는 것이니.

옷에 대하여

Claude Monet, *Field of Poppies near Vétheuil*, 1879

(사고 파는 것에 대하여)

나눔의 본질

그대가 만족을 얻는 길은
대지의 선물을 나누고 베푸는 데 있다네.

그러나 그 나눔이
사랑과 친절한 정의 위에 있지 않다면
누군가는 탐욕에 끌리고
누군가는 굶주림에 내몰리리라.

사고 파는 것에 대하여

거래의 신성함

시장에서 일꾼들과 장인들을 만나거나
과수원과 바다의 결실들을 만나거든
대지의 신을 불러 청하라.

그대들 안에 오시어
저울을 공정케 하고
계산을 성스럽게 하시기를.

사 고 파는 것에 대하여

빈손의 장사꾼에게

말만으로 그대의 노동을 사려는 자들에게
거래를 허락하지 말지어다.
차라리 그들에게 이르라.

우리 밭으로 오시라.
혹은 바다로 가서 그대의 그물을 던지시라.
대지와 바다는
우리와 같이 그대에게도
풍성히 내어줄 것이니.

사고 파는 것에 대하여

예술가의 몫

노래하는 이와 춤추는 이
그리고 피리 부는 이가 온다면
그들에게도 값을 치르라.

설령 그것이 꿈으로 엮인 것일지라도
그것은 영혼이 입는 옷이요
마음이 먹는 양식이니.

사고 파는 것에 대하여

아무도 빈손으로 떠나지 않게

그대가 시장을 떠나기 전
아무도 빈손으로 떠나지 않게 하라.

대지의 영혼은
그대들 중 가장 미약한 이의 갈망마저 채워지지 않는 한
바람 위에서 평안히 잠들지 않으시니.

사고 파는 것에 대하여

Claude Monet, *Spring*, 1880

(죄와 벌에 대하여)

죄는 방심할 때 다가온다

그대의 영혼이 바람 위를 떠돌며
홀로 방심할 때
그대는 죄를 짓게 되나니
남을 향한 것이며 곧 자신을 겨눈 것이로다.

그리고 그 죄로 말미암아
그대는 복된 자들의 문 앞에서
아무도 응답하지 않는 기다림을
겪게 되리라.

죄와 벌에 대하여

완전한 선도, 완전한 악도 없다

성스럽고 의로운 이라 해도
그대 안에 있는 가장 높은 것 이상으로는
오르지 못하며

악하고 연약한 이라 해도
그대 안에 있는 가장 낮은 것 아래로는
떨어지지 않는도다.

잎 하나가 누렇게 물드는 일도
온 나무의 침묵 속 지혜와 함께하듯
죄 또한 그대 안의 감추어진 뜻 없이
일어날 수 없는 것이니라.

죄와 벌에 대하여

넘어진 이가 길이 된다

잘못을 저지른 자를
채찍질하려는 이여
먼저 상처 입은 이의 영혼을
들여다보라.

악한 나무를 찍어내려는 이여
먼저 그 뿌리를 살피라.

선한 것과 악한 것
열매 맺는 것과 메마른 것이
대지의 침묵을 품은 심장 속에
함께 얽혀 있음을.

죄와 벌에 대하여

하나의 인간, 두 개의 얼굴

정의로운 자와 부정한 자
그는 결국 한 사람.
하잘것없는 자신의 밤과
신성한 낮 사이에 선
황혼 속의 인간일 뿐.

기억하라.
사원의 머릿돌이
땅속 깊이 묻힌 주춧돌보다
결코 높지 않음을.

죄와 벌에 대하여

Claude Monet, *Valle Buona, Bordighera*, 1884

법에 대하여

빛을 등진 자들

춤추는 이를 미워하는 절름발이여

숲을 거니는 사슴을 못마땅해하는 황소여

스스로 허물을 벗지 못한 채

남의 알몸엔 수치를 씌우는 늙은 뱀이여

잔치가 무르익기 전 와서

포만과 불만 속에 떠나는 이여

그대들은 햇빛 아래 서 있지만

등을 돌리고 그림자만을 보는구나.

그 그림자가 곧 그대들의 법이니

태양은 그대에게 그저

그림자를 드리울 뿐.

법에 대하여

135

자유는 법보다 힘이 세다

그대가 멍에를 부수되
다른 이의 목에 씌우지 않는다면
어느 법이 그대를 얽으랴.

그대가 춤을 추되
쇠사슬에 걸려 넘어지지 않는다면
무슨 법이 그대를 넘어뜨리랴.

그대가 옷을 벗되
남의 눈에 수치를 두려워하지 않는다면
누가 감히 그대를 심판하랴.

법에 대하여

하늘의 노래는 명령받지 않는다

그대는 북의 가죽을 접고
현악기의 줄을 늦출 수는 있으리라.

그러나 누가 감히
하늘의 종달새에게
노래하지 말라 명령할 수 있으랴.

법에 대하여

Paul Cézanne, *The House with the Cracked Walls*, 1879

(자유에 대하여)

자유를 구하는 몸짓

나는 보았다.
도시의 성문 앞에서
화로 곁에 무릎 꿇고
자유를 예배하는 그대들을.

폭군 앞에 선 노예가
죽임을 당하면서도
그를 찬미하듯

자유를 갈망하면서도
그 갈망에 스스로 갇히는 이들을.

자유에 대하여

자유는 목표가 아니라 존재의 상태

자유는 이루어야 할 목표가 아니라
그대 안에서 고요히 숨 쉬는 것이니
그것은 갑옷이 아니라 벗어야 할 허울
찬양의 대상이 아니라
침묵 속에서 거닐어야 할 내면.

자유는 걱정 없는 낮에 있지 않고
결핍 없는 밤에 머물지 않네.
오히려 걱정과 결핍이 그대를 묶으려 할 때
그 위로 일어서서 벗어나는 순간
바로 그때 자유는
그대 곁에 조용히 와 있도다.

자유에 대하여

자유의 사슬

자유라는 이름의 사슬은
햇빛처럼 반짝여
그대의 눈을 어지럽히고
진실을 가리네.

그대의 한낮을 둘러싼 고리를
부수지 않는 한
그대는 결코 새벽 너머로
나아갈 수 없으리.

자유에 대하여

자유를 방해하는 것의 정체

그대가 버리려는 것
그것이 부당한 법이라면
그 법은 다름 아닌
그대의 손이
그대 이마 위에 씌운 것이리라.

그가 폭군이라면
그는 이미 그대 마음속에
자리를 틀고 앉아 있네.

걱정과 두려움조차도
타인의 억압이 아니라
그대 스스로 선택한 것이로다.

자유에 대하여

자유와 그림자

갈망과 두려움, 증오와 애착이
그대 안에서 서로 얽혀 있도다.

빛과 그림자처럼 짝을 지어 움직이며
하나의 그림자가 사라지면 남은 빛도
또 다른 그림자의 밑그림이 되리라.

자유 또한 그러하나니
그 족쇄를 벗는 순간 또 다른 족쇄가 되어
그대를 시험하리라.

자유에 대하여

Gustave Courbet, *The Sea,* 1869

(이성과 정열에 대하여)

전쟁터가 된 영혼

그대의 영혼은 끝없는 전쟁터.
이성과 판단은 정열과 욕망에 맞서
보이지 않는 전투를 벌이고 있네.

나는 그대 안에 깃든 평화의 조정자
그 불화를 잠재워
하나의 선율로 바꾸려 하네.

이성과 정열에 대하여

이성과 정열의 돛과 키

이성과 정열은
영혼의 항해를 이끄는 돛과 키라네.

키 없는 돛은 표류하고
돛 없는 키는 맴돌 뿐이네.

그중 하나라도 없으면
그대는 아득한 바다에서
끝없이 떠돌게 되리라.

이성과 정열에 대하여

이성과 정열은 함께 노래해야

이성이 홀로 다스리면 스스로를 가두게 되고
정열이 홀로 타오르면 그 자신을 삼켜버리리라.

그대 영혼이 이성을 정열의 높이로 들어올려
함께 노래하게 하라.
이성과 정열이 서로를 지휘하게 하라.

그리하면 그대 영혼은 불사조처럼
잿더미 속에서 다시 날아오르리라.

이성과 정열에 대하여

두 손님을 맞이하는 마음

이성과 정열 그 둘은
그대 집에 찾아온 거룩한 손님이라.

한 사람만을 더 귀히 여기면
결국 둘 다 잃게 되리라.

그러니 두 손을 모두 펴서
공평히 맞이하라.

이성과 정열에 대하여

이성과 정열을 품은 존재

신의 영역 속에서
그대는 한 줄기 숨결이요
신의 숲에 속한 하나의 잎이라.

그러니 그대여
이성 속에 머물며
정열 속에서 움직일지어다.

이성과 정열에 대하여

163

Paul Gauguin, *Brittany Landscape*, 1889

(고통에 대하여)

깨달음의 문턱

고통은 그대를 깨우는 껍질의 파열.
그 아픔 없이는 마음의 빛을 발산할 수 없고
그대 또한 자라지 못하리.

고통은 그대가 겪는 탄생의 진통.
마음의 술잔이 기쁨으로 가득 찰 때
그 잔은 고통으로도 채워지리니.

기쁨과 고통은 하나의 그릇에서 비롯되어
같은 불꽃 위에서 익어가는 것이라네.

고통에 대하여

삶은 마음을 부수고 다시 빚는다

삶은 그대 마음을 부수고 다시 엮는다네.
때로는 날카로운 칼로
그대 영혼을 깎아내기도 하리.

그러나 고통 속에서도 삶은 다만
그대를 빚는 장인의 위대한 손길.

고통은 그대 안의 치유자가
병든 자아를 고치려 보내는 쓴 약이라네.

그러니 믿고 마시라.
그 손은 비록 아픔을 주나
그 마음은 사랑이라.

고통에 대하여

지혜의 씨앗은 고통의 흙에서 자란다

내일의 깨달음은

오늘의 상처 속에서 자라고

가장 높은 기쁨의 씨앗은

가장 깊은 슬픔 속에 숨어 있노라.

고통에 대하여

Claude Monet, *Spring, Fruit Trees in Bloom*, 1873

(자아 인식에 대하여)

내면의 샘은 밖으로 흐른다

갈망은 어쩌면 당연한 것.

흙속의 샘물이 마침내 솟구쳐 올라
바다로 흘러가듯

그대의 무한한 보물 또한
마침내 눈앞에 드러나리라.

자아 인식에 대하여

깊이를 재려 하지 말라

그대가 가진 보물을
저울에 올려 무게를 달려 하지 말라.

영혼의 깊이를
잣대나 측량줄로 재려 하지 말라.

영혼은 그 무엇으로도 잴 수 없는
무한의 바다이기 때문이라.

자아 인식에 대하여

연꽃처럼 피어나는 자아

영혼은 단 하나의 길을 걷지 않는다.
갈대처럼 곧게 뻗지도 않는다.

오히려 연꽃처럼
수많은 꽃잎을 펼쳐내며
자신을 드러낸다.

자아 인식에 대하여

Claude Monet, *The Willows*, 1880

(가르침에 대하여)

지혜는 깨어 있는 자의 것

아무도 그대 안의 새벽빛을
대신 일깨워줄 수 없다.

사람이 가르칠 수 있는 것은
이미 그대 안에 잠든 것을
조용히, 부드럽게 흔들어 깨우는 일일 뿐.

가르침에 대하여

스승의 진정한 역할

지혜로운 스승은
그대를 지혜의 집으로 불러들이지 않는다네.

그는 다만 그대의 발걸음을 이끌어
그대 마음의 문턱 앞에 세울 뿐.
그대 스스로 그 문을 열게 하려는 것.

그가 내어주는 것은 지식이 아니라
믿음이요 사랑이라네.

가르침에 대하여

혼자 서는 법을 배우게 하라

스승의 통찰이 곧 제자의 날개가 되는 것은 아니라네.
사람은 신 앞에서 각자 홀로 서야 하며
홀로 선 그 자리에서 세상을 깨달아야 하리.

가르침에 대하여

Odilon Redon, *Breton Village*, 1890

(우정에 대하여)

벗은 응답이다

그대의 벗은
그대의 질문에 대한 응답이며

사랑으로 씨 뿌리고
감사로 거두는 밭이라.

그는 그대의 식탁이며
그대의 화롯불이라.

우정에 대하여

순수한 목적 하나

우정을 맺을 때는
오직 영혼의 깊이에 뜻을 두어라.

아무것도 기대하지 말고
그 우정이 그 자체로
충만하도록 하라.

우정에 대하여

밀물과 썰물 모두를

벗에게는
그대의 썰물뿐 아니라
밀물 또한 보여주어라.

벗을 찾는 까닭이
허무의 위로라면
그것은 진정한 우정이 아니리.

우정에 대하여

기쁨으로 아침을 맞이하라

우정 속에는
웃음이 머물게 하고
기쁨이 들게 하라.

아침 이슬처럼 작은 일이
그대의 마음을 새벽처럼 열어
다시 태어나게 하리니.

우정에 대하여

Claude Monet, *The Cliffs at Pourville*, 1882

(대화에 대하여)

말은 고독의 탈출구

그대 마음이 번잡하여
고요하지 못할 때
그대는 말로 숨통으로 트려 하리.

고독 속에 머물지 못하는 자는
헛된 말로 스스로를 달래고
소리로 외로움을 메우려 하리.

그러나 말은
생각의 날개를 꺾고
그 깊이를 앗아가기도 하느니.

대화에 대하여

영혼이 이끄는 대화

길에서 벗을 만나거든
그대의 영혼이
그대의 입술을 움직이게 하라.

목소리의 깊은 곳에서
그의 귀 깊은 곳으로
진실이 흘러가게 하라.

대화에 대하여

침묵 속의 울림

진심으로 나눈 말은
술의 향처럼 오래 남는다.

술빛은 잊히고 잔은 사라져도
그 말의 숨결은 여전히 머문다.

대화에 대하여

Claude Monet, *Sunset on the Seine at Lavacourt*, 1880

(시간에 대하여)

시간을 재려는 사람들

그대는 헤아릴 수 없는 시간을
저울에 달고 자로 재려 하는구나.

그대는 시간에 맞추어 행동을 고치고
생각의 발걸음을 줄 세우려 하는구나.

시간을 강물로 여겨
둑에 앉아 그 흐름을 지켜보려 하는구나.

시간에 대하여

시간 너머의 인식

그대 안에는
영원한 존재가 깃들어 있다.

그는 안다.
어제는 오늘의 기억이요
내일은 오늘의 꿈이라는 것을.

그리고 그대 안에 머무는
노래와 사유는 아직도
별이 흩뿌려진 첫 순간과
같은 공간에 있음을.

시간에 대하여

사랑과 시간의 공통점

그대는 알지 못하는가?
사랑의 힘에는 경계가 없음을.

그대 존재의 중심은
사람에서 사람으로
사랑에서 사랑으로 흘러가리라.

시간도 그러하도다.
사랑처럼
경계도 없고
속도 또한 없도다.

시간에 대하여

Claude Monet, *Poppy Field*, 1873

(선과 악에 대하여)

악은 굶주린 선이다

나는 선에 대해서는 말할 수 있으나
악에 대해서는 말할 수 없도다.

악이란 무엇인가?
굶주려 어둠 속에서 먹이를 찾는 선
목마름에 썩은 물을 마시는 선일 뿐.

선과 악에 대하여

뿌리와 열매의 대화

그대가 자신을 내어주면 선하도다.
그러나 오직 자신을 위해
이익만을 좇는다면
그대는 땅에 박힌 뿌리에 불과하도다.

열매가 뿌리에 속삭인다.
나처럼 익어 넘쳐
네 풍요를 흘려보내라.

주는 것은 열매의 기쁨이요
받는 것은 뿌리의 갈망이니라.

선과 악에 대하여

절름거려도 선은 간다

그대가 반듯한 걸음으로
목표를 향해 나아갈 때
그대는 선하다.

허나 절름거린다 할지라도
악한 것은 아니다.
절름거림은 퇴보가 아니라
또 다른 모습의 전진이니라.

그러나 강한 이여
다리를 절은 이 앞에서
겸허함을 잃지 말지어다.

선과 악에 대하여

선한 이의 물음

선한 이는 헐벗은 자에게 이렇게 묻는다.
그대의 옷은 어디 있느냐?

집 잃은 자에게는 또 이렇게 묻는다.
무슨 일이 있었느냐?

그 물음 속에서 이미 자비가 흘러넘치나니.

선과 악에 대하여

Claude Monet, *The Parc Monceau*, 1876

기도에 대하여

기쁨 속의 기도

그대는 어려움에 처하거나
다급할 때만 기도를 올리네.

그러나 기쁨이 차오를 때도
풍요로운 날 속에서도
기도할 줄 알아야 하리.

기도란 생명의 숨결 속으로
그대 자신을 넓히는 일.

그것은 고요한 밤을 채우는 어둠이자
환한 낮을 쏟아내는 환희이기도 하네.

기도에 대하여

눈물 속의 기도

영혼이 그대를 불러 기도하게 할 때
눈물이 흘러내린다면 흘려도 좋으리.

그러나 기도는 눈물의 끝에서
그대를 다시 일으켜 세우며
마침내 그대를 웃게 하리라.

기도에 대하여

성소에 들어서는 마음

그대가 보이지 않는 성소를 찾을 때는
경이와 환희로 그 문을 넘으라.

무언가를 얻기 위한 기도는
아무것도 얻지 못하리라.
남의 안녕을 빈다 하여도
그것이 단지 말뿐이라면 이루어지지 않으리라.

그대가 그 문을 들어서는 순간
그것만으로 이미 충분하도다.

기도에 대하여

신의 목소리는 그대 안에 있다

나는 그대에게 기도하는 법을
가르칠 수 없네.
신은 오직 그대의 입술을 통해
스스로 말할 때만 귀 기울이시기 때문이라네.

나는 바다의 기도, 산의 기도, 숲의 기도를
그대에게 전할 수 없네.
그러나 바다에서 태어나고
산과 숲에서 자라난 그대들은
그들 속에서 울려 퍼지는 기도를
자신의 가슴 안에서도 찾을 수 있으리라.

기도에 대하여

Claude Monet, *The Artist's Garden at Argenteuil, Dahlias*, 1873

(쾌락에 대하여)

쾌락의 본질

쾌락은 자유의 노래이되
자유 그 자체는 아니라네.

그것은 갈망의 꽃이지만
갈망의 열매는 아니라네.

깊이를 부르는 심연이지만
끝내 깊지도 높지도 않네.

쾌락은 장 안의 새처럼 날개를 지녔으되
그대들을 가두는 감옥은 아니라네.

쾌락에 대하여

젊음과 쾌락

그대들 중 어떤 젊은이는
마치 쾌락이 전부인 듯 좇네.

사람들은 그들을 비난할지 모르나
나는 비난하지 않으리라.

쾌락만을 좇는다 해도
쾌락은 혼자 오지 않기 때문이라네.

쾌락에 대하여

쾌락의 자매들

쾌락에는 일곱 자매가 있으며
그 중 가장 작은 이조차도
쾌락보다 더 아름답지 않으랴.

그대는 들어본 적 없느냐?
깊은 땅을 파다가
보석을 건져 올린 사람의 이야기를.

쾌락에 대하여

정신을 어지럽히는가?

말해보라.

정신을 거역하는 자가 누구인가?
나이팅게일이 밤의 고요를 어지럽히는가?
반딧불이가 별의 질서를 흩트리는가?
불꽃이나 연기는 바람에 방해가 되는가?

정신이란 휘저을 수 있는 얕은 웅덩이가 아니라네.

쾌락에 대하여

육체는 영혼의 하프

때로 그대는 쾌락을 거부하며
깊은 곳에 갈망을 쌓아두는구나.
겉으로는 오늘을 미루지만
속으로는 내일을 바라보고 있을지도 모르네.

그러나 그대의 육체 또한
자신의 욕구와 요구를 알고 있으니
끝내 속일 수는 없도다.

육체는 영혼의 하프.
그 하프를 통해서만 영혼은
아름다운 음악을 혹은 혼란의 소리를
세상에 흘려보내는 것이로다.

쾌락에 대하여

쾌락의 선과 악

그대는 정원으로 나가보라.

벌이 꿀을 모으는 것이 쾌락이듯

꽃이 꿀을 내어주는 것 또한 기쁨임을 알게 되리라.

벌에게 꽃은 생명의 근원이고

꽃에게 벌은 사랑의 전령이니

그 주고받음은 필요이자 황홀이라네.

그대들의 쾌락도 이와 같기를.

꽃과 벌처럼 서로를 필요로 하며

서로에게 기쁨이 되기를.

쾌락에 대하여

Alfred Sisley, *Meadow*, 1875

(아름다움에 대하여)

아름다움을 어떻게 말할 수 있을까

그대는 어디에서 아름다움을 찾는가?
그것이 그대의 길이자 안내자가 아니라면
그대는 끝내 그를 만나지 못하리.

아름다움이 그대의 말 속에 깃들지 않는다면
그대는 어떻게 아름다움에 대해 말할 수 있으리오.

아름다움에 대하여

갈망이 아닌 환희

그대들이 말한 것은 아름다움이 아니었네.
그것은 이루지 못한 갈망.

아름다움은 갈망이 아니라 하나의 환희.
그것은 마른 입술의 갈증도 아니고
무언가를 바라는 빈손도 아니네.

아름다움은 불타는 심장이며
황홀 속에 잠긴 영혼이라네.

아름다움에 대하여

눈을 감아도, 귀를 막아도

아름다움은
그대가 눈을 감아도 떠오르는 모습
귀를 막아도 들려오는 노래.

그것은 껍질을 벗긴 수액이 아니고
부러진 발톱에 묻은 깃털도 아니라네.

아름다움은 오히려
언제나 꽃이 피어 있는 정원이요
하늘을 나는 천사들이라네.

아름다움에 대하여

Camille Pissarro, *Valhermeil, near Oise at Auvers*, 1873

믿음에 대하여

날개 위의 하루

그대가 돌을 깨거나 베틀을 돌리는 순간에도
마음속에서 경탄과 경의가 솟구치지 않는다면
그것은 신앙도 아니고 일도 아니네.

그 누가 감히 이렇게 말할 수 있으랴.
이것은 신을 위한 것이고
저것은 나를 위한 것이다.
이것은 영혼을 위한 것이고
저것은 육체를 위한 것이다.

그대의 시간은 자아로부터 자아로 날아가는
한 쌍의 날개일 뿐인 것을.

믿음에 대하여

일상은 사원

그대의 일상은 곧 그대의 사원이요
그대의 삶이 곧 믿음이네.

그대는 언제든
쟁기와 풀무, 망치와 피리를 들고
그 사원에 들어가라.

기쁨으로 만든 것들도
필요해서 만든 것들도
함께 데려가라.

믿음에 대하여

숭배와 함께함

그대는 허상보다 더 높이 오를 수 없고
과오보다 더 낮아질 수도 없네.

그러니 사람들도 함께 데려가라.
숭배란 그대가 타인의 희망보다 더 높이 날 수도
타인의 절망보다 더 낮아질 수도 없게 하리라.

믿음에 대하여

신은 언제나 그대 곁에 있다

주변을 둘러보라.
신께서 아이들과 함께 웃으며
놀고 계시지 않으신가.

하늘을 올려다보라.
신은 구름을 걷고
번개로 팔을 펼치며
비로써 세상을 적시네.

꽃 속에서 웃음 짓고
나무 가지마다 손을 들어
그대에게 손짓하시네.

믿음에 대하여

Paul Cézanne, *Village at the Water's Edge*, 1876–1878

(죽음에 대하여)

생의 한가운데서

그대는 죽음의 비밀을 알고 싶어 하네.
그러나 그것을 생명의 중심에서 찾지 않는다면
어찌 그 본질을 알 수 있으랴.

밤에만 눈뜨는 올빼미는
낮의 신비를 보지 못하듯
죽음을 아는 길은
오직 생명 안에서만 열리네.

죽음에 대하여

생과 사는 하나다

죽음과 삶은 둘이 아니네.
강과 바다가 하나이듯
생과 사도 결국 하나라네.

그대의 가장 깊은 희망과 갈망 속에
말없는 저 세상의 지식이 놓여 있네.

마치 눈 아래서 꿈꾸는 씨앗처럼
그대 마음 또한 봄의 꿈을 꾸네.
그 꿈 안에 영원으로 향하는 문이 숨겨져 있네.

죽음에 대하여

두려움 너머에 있는 것

죽음을 두려워하는 마음은
목자가 왕 앞에 서서
떨리는 것과 같네.

그러나 왕이 그의 어깨에 손을 얹을 때
그 떨림 속에도 기쁨이 깃들지 않겠는가.
그는 흔들리면서도 기쁨을 숨기지 못하리라.

그러나 여전히
자신의 떨림을 걱정하는 것이
인간의 마음이라네.

죽음에 대하여

바람 속에 선 존재처럼

죽음은 바람 속에서
알몸으로 햇살에 녹는 것과 같고
멈추는 숨결은
끊임없는 파도에서 벗어난 안식일 뿐

그 숨은 더 높이 오르며
신을 향해 퍼져나가려는
생명의 마지막 갈망이라.

죽음에 대하여

마지막 순간에 피어나는 것들

그대가 침묵의 강물을 마실 때
비로소 그대는 진실한 노래를 부르게 되리라.

그대가 산 정상에 도달할 때
그때가 오르기의 시작임을 알게 되리라.

대지가 그대의 발과 손을 원할 때
그때가 참된 춤의 순간이 되리라.

죽음에 대하여

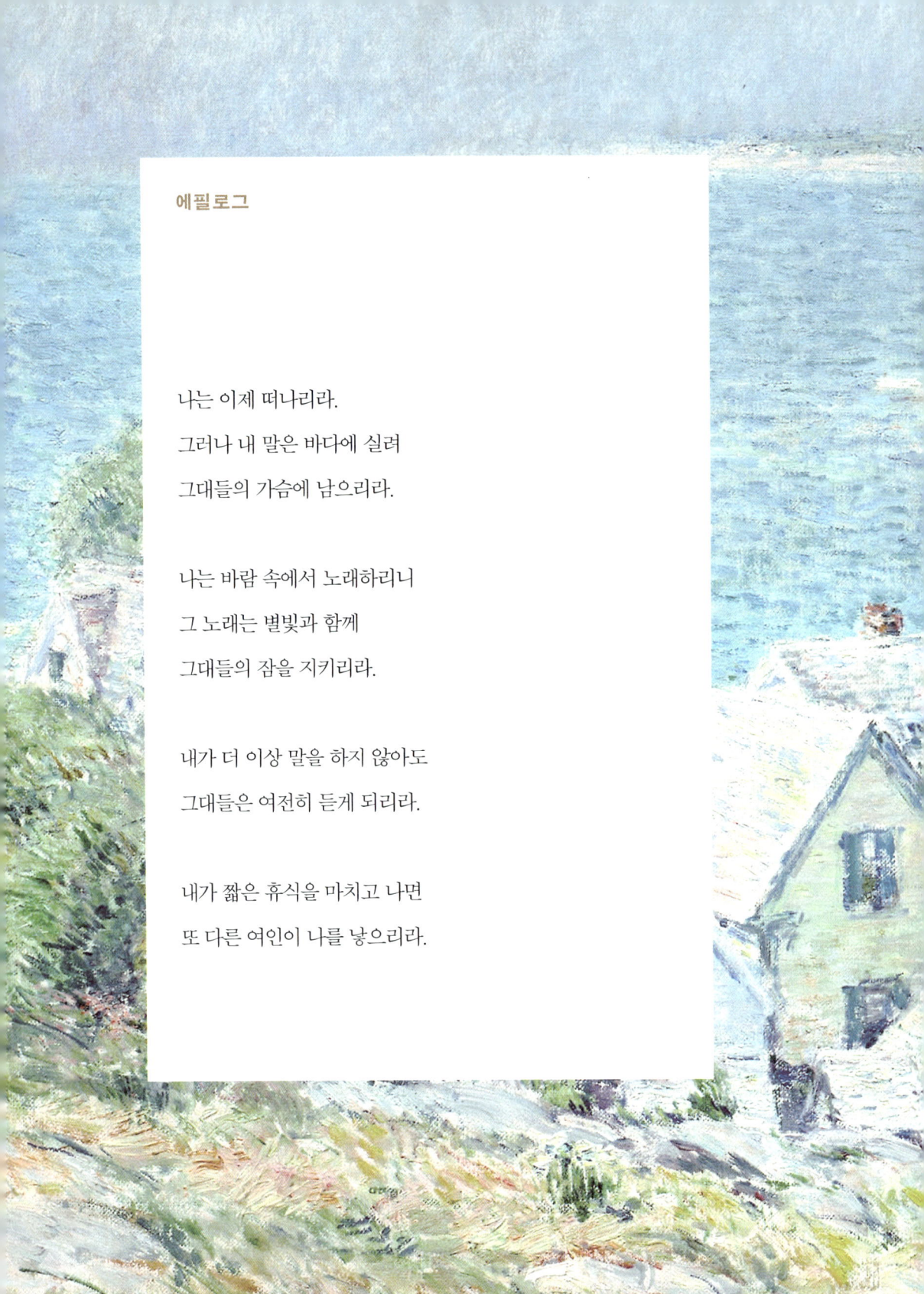

에필로그

나는 이제 떠나리라.
그러나 내 말은 바다에 실려
그대들의 가슴에 남으리라.

나는 바람 속에서 노래하리니
그 노래는 별빛과 함께
그대들의 잠을 지키리라.

내가 더 이상 말을 하지 않아도
그대들은 여전히 듣게 되리라.

내가 짧은 휴식을 마치고 나면
또 다른 여인이 나를 낳으리라.

Frederick Childe Hassam, *Celia Thaxter's Garden, Isles of Shoals*, 1890s

초역 예언자

발행일	초판 1쇄 2025년 10월 22일
지은이	칼릴 지브란
옮긴이	김낭
펴낸이	김영범
펴낸곳	(주)북새통 · 토트출판사
주소	서울시 마포구 월드컵로36길 18 삼라마이다스 902호 (우)03938
대표전화	02-338-0117
팩스	02-338-7160
출판등록	2009년 3월 19일 제 315-2009-000018호
이메일	thothbook@naver.com

ISBN 979-11-94175-36-0 03810

잘못된 책은 구입한 서점에서 교환해 드립니다.

이 책의 저작권은 (주)북새통-토트출판사에 있습니다.
저작권법에 의해 보호를 받는 저작물이므로 무단전재와 복제를 금합니다.